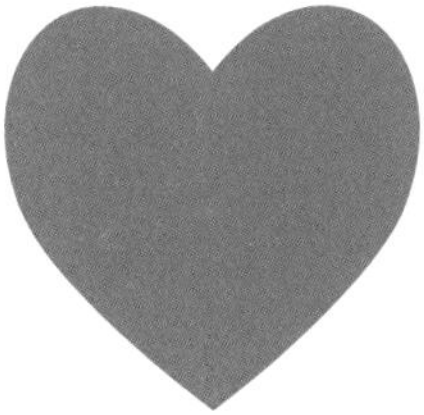

האדם נברא במקור כדי לחיות מאושר באלוהים.

וַיִּבְרָא אֱלֹהִים אֶת־הָאָדָם בְּצַלְמוֹ בְּצֶלֶם אֱלֹהִים בָּרָא אֹתוֹ (בראשית א, 27).

אבל האדם חטא ולא ציית לאלוהים, ובכך התרחק
ממנו.

תוצאות: דאגה + פחד + מוות

כִּי הַכֹּל חָטְאוּ וּמְחֻסְּרֵי כְּבוֹד אֱלֹהִים הֵמָּה (אל הרומים ג, 23).

כִּי שְׂכַר הַחֵטְא הוּא מָוֶת (אל הרומים ו, 23).

אלוהים רחם על בני האדם החוטאים ושלח את
ישוע המשיח ככופר עבורנו.

שֶׁכֵּן הָאֱלֹהִים הוּא אַהֲבָה (הראשונה ליוחנן ד, 8).

כִּי גַם בֶּן־הָאָדָם לֹא בָּא כְּדֵי
שֶׁיְשָׁרְתוּהוּ אֶלָּא כְּדֵי לְשָׁרֵת וְלָתֵת אֶת נַפְשׁוֹ
כֹּפֶר בְּעַד רַבִּים (מרקוס י, 45).

ישוע מת על הצלב ונקבר, אך קם מהמתים ביום השלישי
כדי לשלם על כל חטאינו.

כעת, הוא רוצה שיהיו לנו שתי מתנות :

מתנות : שלום + חיי נצח

שָׁלוֹם אֲנִי מַשְׁאִיר לָכֶם, אֶת שְׁלוֹמִי אֲנִי נוֹתֵן לָכֶם ;
לֹא כְּדֶרֶךְ שֶׁהָעוֹלָם נוֹתֵן אֲנִי נוֹתֵן לָכֶם. אַל נָא יֵחַת
לְבַבְכֶם וְאַל יִירָא (יוחנן יד, 27).

אֲנִי בָּאתִי כְּדֵי שֶׁיִּהְיוּ לָהֶם חַיִּים וּבְשֶׁפַע שֶׁיִּהְיוּ לָהֶם
(יוחנן י, 10).

האם אינך רוצה ליהנות משלווה וחיי נצח?

אלוהים רוצה שתקבל(י) את ישוע המשיח אל לבך
כדי שתקבל(י) את מתנת חיי הנצח ולחיות בשלום אמיתי.

כִּי כֹּה אָהַב אֱלֹהִים אֶת הָעוֹלָם עַד כִּי נָתַן אֶת בְּנוֹ
יְחִידוֹ לְמַעַן לֹא יֹאבַד כָּל הַמַּאֲמִין בּוֹ, אֶלָּא יִנְחַל
חַיֵּי עוֹלָם (יוחנן ג, 16).

אֲבָל לְאֵלֶּה אֲשֶׁר קִבְּלוּ אוֹתוֹ, הַמַּאֲמִינִים בִּשְׁמוֹ,
נָתַן תֹּקֶף לִהְיוֹת בָּנִים לֵאלֹהִים (יוחנן א, 12).

ישוע דופק על דלת ליבך ברגע זה.

עכשיו את(ה) חייב(ת) לקבל החלטה. את(ה)
יכול(ה) לבחור לחיות עם פחד ודאגה בעולם
החוטא הזה, נפרד מאלוהים, באבדון לנצח, או
שאת(ה) יכול(ה) לבחור ליהנות משלום אמיתי
וחיי נצח עם אלוהים.

האם את(ה) רוצה לקבל את ישוע אל לבך
כאדונך והמושיע?

הִנְנִי עוֹמֵד לְיַד הַדֶּלֶת וְדוֹפֵק. אִישׁ כִּי יִשְׁמַע
אֶת קוֹלִי וְיִפְתַּח אֶת הַדֶּלֶת, אֶכָּנֵס אֵלָיו וְאֶסְעַד אִתּוֹ
וְהוּא אִתִּי (ההתגלות ג, 20).

קיבלת החלטה חשובה ביותר.

נא להתפלל את התפילה הבאה :

אבא אלוהים, אני חטאתי וזקוק(ה) לך.

אנא סלח לי על חטאי כשאני חוזר(ת) בתשובה לפניך.

אני מאמין(נה) שישוע מת בשבילי וקם מהמתים

כדי לשלם על חטאי.

אנא היכנס אל לבי כאדוני והמושיע.

בשמו של ישוע המשיח מתפלל(ת).

אמן.

כעת, לאחר שקיבלת את ישוע המשיח אל לבך,
את(ה) בת/בן אלוהים.

נא לבקר כהילה סמוכה, והתחל(י) את המסע
הנפלא במשיח.
שה׳ יברך אותך בעושר אהבתו!